한적헌의 가을

한적헌의 가을

정승준 시집

두엄

시인의 말

그날 그 가을은
몰랐습니다.

밥벌이 삼십여 년 끝내고
오롯이 마주한 자화상
아직
어설프기가
내가 나 아닌 듯

동경했던 텃밭 가꾸기로
뭉툭 뭉툭
떨어져 나간 허리춤에
꽈리 튼 녀석들
허와 실

시공 그 너머에
마음에 좋으면 좋은 대로
또, 가슴이 시리면 시린 그대로
가감 없이

다시 올
찬란할 가을날을 기다리며
편지를 띄웁니다.

차례

1부

가을 이슬 · 13
가을 낙엽 · 14
가을 속으로 · 16
가을 안개 · 18
가을 앓이 · 19
가을 연가 · 20
가슴앓이 · 21
가을 편지 · 22
가을 풍경 · 24
가을날 새벽을 걸으며 · 26
가을색 · 28
가을비 Ⅲ · 30
단풍놀이 · 31
가을을 담으며 · 32
광안리에서 · 34
낙과 · 36
독장난명 · 38
시월 마지막 날에 · 39
애꿎은 가을 탓 · 40
은목서 · 42

2부

한적헌의 가을 · 45
한적헌에서는 · 46
초겨울에 쓰는 편지 · 48
사치 · 49
코스모스 · 50
호박죽 · 52
고해 Ⅱ · 54
겨울산 · 56
이슬비가 되고 · 58
오솔길에서 · 59
여백 · 60
어미 소와 아기 소 · 61
아들의 멋 · 62
숲속 작은 길 · 63
떠나간 계절 · 64
배추밭에서 · 66
당근 수확하는 날 · 69
건고추 · 70
길동무 · 72
노을 Ⅱ · 73

3부

택배상자 · 77
구겨진 손수건 · 78
핸디캡 · 80
지렁이 · 82
정오에 · 83
지금은 감기 중입니다 · 84
잡음 많은 라디오 · 86
이유 · 88
왼손잡이 · 90
용포 못에서 · 92
여유 Ⅱ · 93
오리와 십리 · 94
실업자와 실직자 · 96
시를 쓰는 날 · 97
불치병 · 98
별과 밤사이 · 99
별 쓸데없는 조언 · 100
못난 짓 · 101
독백 Ⅱ · 102
발길 · 104

4부

새날 · 109
별빛 총총한 밤하늘에 · 110
지켜주지 못해서 미안하다 · 112
일출 · 114
유심칩 · 115
울적한 날에는 · 116
연착 · 117
거기 여기에 · 118
밤배 · 119
가로등 · 120
발뒤꿈치 · 122
몽유 · 123
달무리 · 124
다짐 Ⅱ · 125
그냥이라도 웃자 · 126
회상 Ⅱ · 127
달밤에 · 128
형해화 Ⅱ · 130
소행성 · 132
남자의 색깔 · 134

5부

살 사람과 산 사람 · 139
시지프스의 변명 · 140
굳은살 · 142
결단 · 143
아홉보다 하나에 · 144
새옹지마 · 145
애매한 나이 · 146
종량제 봉투 · 148
변덕 Ⅱ · 149
배불뚝이 · 150
귀거래사 · 152
거미줄 · 154
사직구장에서 · 155
라오스 여행 · 158
현지 가이드 · 160
적반하장 Ⅰ · 162
장터에서 · 164
위대한 나 · 166
철든 사람들 · 168
하늘에서 · 170

해설 | 삶과 죽음을 바라보는 서정의 패러독스 · 171
    - 김옥경 (시인)

1부

가을 이슬

상큼한 새벽
풀밭에 매달려 있는
어젯밤 이야기들

당신이 머물다가
떠난 흔적처럼

햇빛이 반짝이면
스며들고 사라지는 아쉬움

다 알 수가 없지만
당신은 여기
그냥 있는 것만으로
좋아

나도 그랬으면 하고
어둠이 아침을 내밀듯이

오늘도, 있는 그대로
반짝이기를

가을 낙엽

지난여름
많이도 힘들었나 보다!
뜨거운 뙤약볕에
미리 오그라져 떨어진 이파리가
발길에 차인다

높고 귀한 자리
누구인들 원하지 않으랴
채 영글기도 전에
말라비틀어진 소년의 바람이
눈에 밟힌다

버텨주고
견뎌내 주기를
소망은 간절한 기도가 되어
떨어져 뒹굴며 외치는 단말마의 비명들이
귓전을 때린다

가을이 오면
시리도록 깊고 푸른 곳에

슬픈 노래, 별이 된 사연들이
잊히지 않은 기억으로 되살아나서
길가에 차곡히

되돌릴 수 없는 시월
마지막 날에
울다 지친 눈물자국들이
메마른 가슴 바닥에
흥건히 차인다

가을 속으로

알람 소리에
무딘 몸을 일으켜
새벽안개 짙은 길 따라
기도의 자리로

주말 아침에
약속한 장소를 향해
추수 한창인 들녘을 지나서
단풍 많은 계곡으로

홀로 가만히
여럿이 어울려서

재색 하늘은 에메랄드빛으로
푸른 이파리는 빨갛게 혹은 노랗게
타작하는 벼 이삭도 머릿결 고운 배우 같이
깊은 웅덩이에 빠져서

절로 터지는 탄성에 환호성 더하며
앞서거니 뒤서거니

짙어가는 가을 계곡으로
단풍 빛깔 느릿느릿

어미 닭 품속 병아리같이
오늘만 같아라
가을 속으로

가을 안개

밤새 쌓아 놓은 높고 넓은 성으로
한 걸음 내딛노라면
굳게 닫힌 대문을 활짝 열고서
반겨주시던 어머니처럼
풀빛이 반짝인다

막이 오르면 연극이 시작되듯
안개 걷고서 맞는 하루

가을이다

가을 앓이

무성했던 가로수가 휑하다
가을빛에 지쳐서

몇 장 남지 않은 마른 이파리가
또 하나 떨어진다 머리숱같이

햇빛은 예쁘게 반짝이는데
뒹구는 낙엽으로 가슴이 저며오면

주마등 되어 스쳐간 지난 일이
서산 붉은 노을로 걸터앉아

검은 건반을 누르기 시작한다
메마른 심장도 가락이 된다

가을 연가

푸르른 하늘 하얀 구름 사이로
발그스레 단풍이 내려올 때면
헤진 이파리 떨구는 바람에
도톰한 계절도 닳을 만큼
날이 차가워지노라면

당신은 잘 지내는지?
내 마음 알고나 있으려나!
짙어가는 가을밤에
그리움에 젖어가노라면

추위에 약했던 당신 생각으로
맑게 우려낸 허브 찻잔에
추억만 가득 담았습니다

가슴앓이

빽빽한 가을 안개에 갇혀서
멀뚱히 쳐다만 보면

어제 새벽 사달로, 주춤
텅 빈 닭장, 찢긴 문까지 어슴푸레

다가가기가 두려운 건지
아롱진 기억에
내 탓, 네 탓 찾아서

이장댁 닭 울음소리에도
꿈쩍도 않고

새벽 짙은 안개 숲을 탓하며
빈 가슴만 쓸어내고 있다

죽임당한 청계 오남매
별이 된 가을
쓰라림 하나 더하고

가을 편지

성큼 다가온 날씨에
화들짝 놀라서 문을 닫습니다

가만히 가만히
조심스레 내디뎌 보노라면
찾아왔다가 더 놀라서
벗겨진 신발처럼
지난여름 흘렸던 굵은 땀방울이
열매로 가득합니다

가만히 가만히
조심스레 앉아서 보노라면
수줍음에 부끄러워서
붉어진 얼굴처럼
지난여름 새파란 이파리들이
상처로 가득합니다

가만히 가만히
잊을 수 없는 한 이름이
오늘은 오지나 않을까 기다렸음에도

불쑥 찾아오시면 깜짝 놀라서
내 방문을 잠그더라도
마음은 가득합니다

완연 차가운 가을이
당신 걱정인 양 편지를 씁니다

가을 풍경

맑은 날 가을 하늘에
가을이 곱다

넓고 푸른 바다 같이
바위에 부딪힌 파도인지
하얀 도화지 위에
파란 바다를 그린 것인지

고운 날 가을 바다에
가을이 맑다

깊고 푸른 하늘에
윤슬 닮은 물빛 춤인지
하얀 뭉게구름 사이에
청옥 하늘이 스며든 것인지

하늘도 바다도
흰 파도와 하얀 구름이
가을 가을 키 재기 하는 듯

서로서로 넉넉한 날에
가을이 참 좋다

가을날 새벽을 걸으며

가을 들판
밤이슬 먹고도
토실하게 살찐 이삭들
내 것이 아니건만
마음 넉넉하고

바람 탓에
무논에 눈
영글지 못한 나락들
내 논도 아닌데도
마음 씁쓸해져

부족한 일손
누런 황금 들녘에도
돈이란 놈을 쫓아서 떠나갔던 시간
여리고 약한 것으로
내 곁에 머무르고

되돌아오는 길
묵직이 젖은 어깨가

물안개 무게만은 아니라서
곤히 자는 울 아이들
걱정이 앞선다

가을색

십인십색이라지
볕 좋은 가을날에
바쁜 일상을 밀쳐두고
몸을 맡겼다. 제주행 비행기에
소풍 앞둔 마음에 밤잠 설치고서
새벽 이른 시간부터
호들갑으로
커진다, 설렘이, 들뜬 목소리도
고도 높인 비행기에 실려
가을 하늘 속으로 파랗게 되고

비빔밥처럼 맛나게 비벼질 여행길이
형형색색 고운 가을 빛깔이
빛나는 하늘색이 되어
십인 일색
파란 마음이 넓다

가슴 뛰는 젊은 날이라서
가득 채운 설렘이라서
올려다본 하늘도

내려다보는 바다도
파란색이라서 눈에 부시다

파란 것이 너와 나, 우리라서 좋다
파란 가을이라서 더 좋다

가을비 Ⅲ

그때처럼 올해 가을 길목에도
당신 잔소리 닮은 비 소식이 잦다

세찬 소낙비로 몰아쳐 내리다가
솜털처럼 포근히 감싸듯 오는 것이
오늘 하루에도 몇 번인지
당신 잔소리 영판이다

마지막 한숨 배 남겨둔 고추밭에도
떡잎 모종 갓 이식한 김장 배추밭에도
별 필요도 없는 잔소리처럼
가을비가 한가득하다

다시 잘못되지 않기를 바라는 마음인 것을
사랑과 관심의 표현이라는 것을
알면서도 모른 척했던 것이
미안하고 부끄러워서

걸어 본다, 함께 걸었던 온천천을 나 홀로
당신 잔소리를 흠뻑 맞으며

단풍놀이

가을 산이 곱다
계곡물에 비친 단풍
단풍 물든 가을 산이 곱다
산을 찾는 사람들
연신 찍어대는 사진 속
하늘도 산도 계곡도
네가 있어서 고왔다
네 덕분이다

단풍 곱게 물든 호박소에
네가 기쁘게 와 주어서
우리 함께라서
더 고왔다

오늘 하루가 예뻤다
네 씀씀이만큼

가을을 담으며

비와 함께 온 가을바람으로
마당에는 떨어진 가을이
수북이 쌓였습니다

이별이 아쉬운지
떨어진 것이 서러운지
꼭 하고 싶은 말이 남았는지

아스팔트 옆 하얀 천막에 적힌
오염수 방류 절대 반대 빨간 글자처럼
길바닥에 딱 붙어버렸습니다

비 그치고 찬 바람 전에
널브러진 가을을 담아야겠지요
종량제봉투만큼 질긴 내 마음에

십 년 전 오늘 페이스북에는
의성 사촌마을 사과밭에서 활짝 웃는 모습으로
곱고 풍성한 가을이 추억되고 있듯이

떠나보내기 힘들었던 이태 전 가을만큼이나
널브러져 게임만 하는 우리 아들도
그날에는 그리움이 되겠지요

광안리에서

가을이 익어가는 시간에
광안리 바닷바람에 창문을 닫고
삼십 년 견뎌낸 자축의 자리에는

꽃 같았던 청춘은 은빛 중년이 되어서
이십 대 그때와 같은 자식들 이야기로
밤 깊어져 가는 줄도 모르는데

조금 일찍 빈 시간에 돌아본 해변
국화 향 가득 채운 천연한 일몰 광경이
삼십 년 살아낸 오늘과 맞닿아서

오랜만에 찾은 광안리 바닷가 횟집에서
검은 바다보다 치열하게 달려온 시간
삼십 년 전 신입사원 그 시절보다

아무런 허물도 거리낌도 없는 것이
그저 이쁘고 좋아라 서로 축복하고자
한양 먼 길 찾아준 동기 마음으로

가을빛 고운 광안리 밤바다라서
파도도 물결도 아기처럼 잠재우고
부르는 노래마다 흥이 절로다

낙과

갑자기
모과 하나가 떨어졌습니다

날 좋았던 지난 봄날에
한달음에 달려온 고향 친구가
텅 빈 마당에 마수걸이한 모과 한 그루

낯선 땅에 사는 게 그리 쉬운 일은 아닐 터
뿌리 내리고 싹틔워 가지 뻗고 나서
중앙에 하나 끄트머리 하나

오며 가며 고향 친구와 이야기하듯이
여름 내내 녀석 보는 덕분에
낯선 집이 덜 서먹했건만

끝에 대롱, 벌레 먹을까, 까막까치 밥 될까?
바람에 손탈까, 걱정했던 마음처럼
떨어진 녀석이 울 아들 같아서

바람에 가지가 흔들릴 때도

모진 세상에 끝까지 견뎌내었으면
살짝 움직인 이파리가 고개 끄덕인 것처럼

내 마음 내 생각 알고 있든지 상관없이
파란 모과가 노랗게 익어가듯이
아이들도 잘 자라기를 기도합니다

아직은
모과 하나는 남아 있습니다

독장난명

손바닥도 마주쳐야 소리 난다는 속담같이
짙은 물안개 헤집고 나온 태양도
반갑게 맞이하는 게 있었네

가을 햇살이 화산 위에서
지친 호흡 가라앉히고 있으려면
한적헌 젖은 잔디 마당은
밤하늘 별처럼 반짝반짝 호응하는 게

동트기 전 짙은 여명처럼
추수 앞둔 가을 들녘이
휴일 맞은 우리 공단 길 같이
무주공산 적막만 가득한데

배알 뒤틀린 서생 눈에는
한 편만 신바람 난 손뼉 같아서
반짝, 사라지는 이슬이 가엽다

시월 마지막 날에

가을걷이를 끝내고 난 빈 들판으로
찾아온 시월의 마지막 날은
먼 길 떠나는 딸아이
배웅하러 갔던
출국장 같다

돌아올 날도, 그 시간도
내 머리에, 내 폰에 꼼꼼 적었건만
내 곁을 떠난다는 것이
헤어짐 그 순간은
언제나 아렸지

다시 돌아올 내년 가을, 시월 그 한날이
푸르고 푸른 젊은 그날이 되면
첫사랑 시린 추억처럼
또다시 일상의 바쁨으로 돌아가는 날에
입국장으로 갈 거야!

애꿎은 가을 탓

늦잠, 지난밤 뒤척임 때문인지
물안개, 창문 너머에서 몽환적 세상 만들고
열어둔 창문으로
가을바람은 긴 옷을 찾고
서둘러 나선 걸음걸음
작은 텃밭에는
이슬 뒤집어쓴 작은 무 배추가
파릇파릇 생기까지 더하고
가을이슬 고추밭은 가까이도 못 가
할 일이 없어진 초보 농군
희롱하듯 이곳저곳
참새 서너 마리 쫓아서
두 팔 내젓는 허수아비가 되고
소리 소문 없이
유모차 앞세운 장모님
어제 심은 마늘밭 보러오셨다고
아시는지 모르시는지
능청, 둘러만 보시고 가신다

잔디밭에 박힌 돌멩이 하나

애꿎은 발길질에
꽈당, 이슬이 엉덩이로 옮겨붙었다
누가, 본 사람은 없겠지?

은목서

가을 아침
열린 창틈으로 누가
이다지도 진한 행복을 나눌까?

조심스레 엿보는
늦게 핀 깨알 같은 사랑이
대문 옆 작은 나무에 촘촘하구나!

가시 같은 톱날 이파리에
두툼한 게 삐죽해서 영판 겉늙은이 같아서
눈길 한번 주지 않았던 나에게

만 리 가을 길
향주머니 채워가는 길동무로

이름처럼 은은히 묵묵히 찾아온 당신
먼 길 재촉하는 짧은 시간에도
낯선 향기 앞장세워

가을하늘 한 칸 더 높이고 있다

2부

한적헌의 가을

공연 앞둔 무대 커튼처럼
가을 안개 짙게 깔린 도로 위에
몽환의 세상으로 길을 잡아가노라면
망각의 일상에서 하나둘, 그리고 무더기로
스치듯 지나쳐 버린 도로 표지판처럼
잊힌 이상과 꿈이 왔다가 가는데
읽고도 또 보고 싶은 책과 글귀는
아마도 두 번 이상 고민했을 것이므로
하고 싶은 것과 해야 할 일들이
여름날 아이 많은 집에 쌓이는 빨랫감 같아서
태양은 아직 동산 위에 있지만
낙향한 선비 흉내 내기에도
짧은 인생은 가을, 가을날 하루 같다

쉬엄쉬엄 쉬어 가라고
한적이라 이름하였음에도
매번 왜 그리 급하고 바빠야 하는지
내가, 내 모양이 가을이라서
가을이랑 닮은꼴이라 그렇구나!

한적헌에서는

밑동 빠진 항아리에 물 붓는 것 같이
뻥 뚫린 가슴에 바람이 차오르면
시린 멍울이 또 일어난다

연휴 쉬면서 켜켜이 쌓인 일거리로
쉴 틈도 정신도 하나 없이
바쁘게 보낸 오늘 같은 날에는
풍성한 가을바람도
감기처럼 으스스 찾아오고
밀려드는 젖은 공허가
도려낸 가슴팍에 헤집듯 파고든다

하늘은 맑고 곱기만 하고
시껌정 산도 푸르름에 넉넉하게 익어 가노라면
갈바람에 길 떠날 채비 서두르는 제비가
짝 잃고 홀로 전깃줄에 앉아서
가을 산바람 맵게 맞서고도
괜찮다 괜찮다고
찬란한 계절이어서 나는 좋다고

모두가 잠든 깊은 밤에도
담장 옆 가로등 불빛처럼 유독 파란 너와 나
물동이 바가지 두드리며 노래했던 장자 흉내질하면서
내 마음, 내 심장도
불탄 화산도 견뎌내고 있다

초겨울에 쓰는 편지

마지막 남았던
고운 잎까지
다 졌네요

당신과 함께 걷던 길에는
바람 피할 곳도
눈길 줄 것도
이제 없네요

내 마음 닮은
텅 빈 산과 들에도
첫눈이 찾아온 계절이기에

편지라도 올 날씨라서
우편함까지 내려갔다가 올라오기를
허탕질만 쌓네요

엄동설한 다 얼기 전에
한번 보고 싶네요
연락 꼭 주구려

사치

보일러 온도를 두 칸 올리고
온돌바닥에 누웠습니다

등어리로 전해지는 뜨끈함과 딱딱한 배김은
뜨거운 욕탕에서 시원하다던 말처럼

바닥 문틈 찬바람에 눈꺼풀 커튼치고
웃풍 많던 시골 초가집 생각까지

지난날 고생은 추억으로 편집되어
아픔은 진한 그리움으로 다가와

긴긴 겨울밤 한두 시간쯤이라고
버리듯 그냥 써버렸습니다

코스모스

무슨 사연이 있어서
우주를 담았는지
매년 이맘때면
가을바람에
내 가슴 설레게 한
연분홍 코스모스

무슨 일이 있어서
떠나갔는지
매년 이때쯤엔
가을 풍문에
네 소식 듣고 싶었던
첫사랑 코스모스

아무 일도 없다는 듯이
낯선 땅 제주에서
내년 이맘때도
가을 여행에
우리 자주 만나자고
약속의 코스모스

사십 년 전 사랑 이야기가
가슴에서 마음으로
하나둘 맞춰지는 기억 조각이
가을 정취에
질펀하니 잔칫상에 취해서
추억할 코스모스

호박죽

호박 농사 안되었다고
투덜투덜했는데
늦가을 마지막 수확하면서
숨은 애호박 찾다가
누렁 덩이 서너 개 따다 창고에 들이며
호박죽 하면 맛나겠다고
지나가듯 불쑥 던진 사위 말에
찬 바람 불어오고
밭일 쉬어가는 날에
이제는 힘 엄써서 못 한다던 장모님이
찹쌀 불려 가루 곱게 빻아놓고
붉은 팥 미리 푹 삶아 두고
늙은 호박 속살 빡빡 발라서는
첫눈 내린 날 아침부터
무쇠솥 물을 잡아서
장작불에 두어 시간 붙잡혀서
열 일 제쳐두고 기다리다 기다려서
큰 냄비 작은 냄비 그릇그릇 담고 보니
고향 떠나온 지 사십여 년에
첫 마수걸이 맛났는데

그리움에 한 술갈, 고마움에 또 한 술갈
첫눈 녹듯이 비어버린 내 그릇에는
가득가득 채워지는 고향 맛이
가물가물 기억들이 떠오르는 그때 그 자리가
찬바람에 첫눈 녹듯이 아쉽기만 했다

고해 Ⅱ

겨울 김장 김치는
지순한 정성으로 담근다

봄 거름 넣은 고랑에
비닐 덮어 모종 심어서
노심초사 고추 말리기까지

배추 모종 싹틔우고
처서 이후 옮겨 심을 배추밭을
갈아엎기 두세 차례 땀방울 한 바가지

한나절 농사일 따라나섰다가
가슴에 묻어둔 이야기보다 더한 통증들을
땅에 묻으며 사는 장모님 같아서

계절에 맞춰 비바람 살펴서
땅 갈고 씨뿌리고 고해까지 갈아서
김장 한해 한해 주름살 한줄 한줄 늘어나고

맑은 포도주는

오래 묵혀야 제맛이라서
내 이야기는 더 깊게 묻기로 했다

내년 김장철에도
울 장모님 주름살 세며
생김치 길게 찢어
수육에 막걸리 한잔 먹었으면 한다

겨울산

그랬다
북풍 찬바람보다
더 섧게 막혀버린 그 일

그날 지독한 추위는
쩍쩍 갈라진 발꿈치와 손등으로
처절하게도 진 붉게 낭자하던 그때나
조금은 숨 쉴 틈이 넓혀진 지금
허연 속살 내어놓고
눈, 비바람 있는 대로 막아선 채로
버티고 견디고 있었음이라

막연한 희망 하나로
섧던 추위도 견뎌낸 새날, 단초였음이라
호시절, 푸르름 무성하였음도 잊은 채
삭풍 된바람 매섭기만 한데
내일, 생명, 새봄이
그 속에 꿈꾸고 있음이라

그리하여

찬란할 새날을 함께 기다리며
오늘, 나 너를
온몸으로 사랑이어라

이슬비가 되고

빗방울 소리에 잠에서 깼다

화창한 가을날 예보에
무슨 가을비인가 했더니

안개인지 이슬인지 갸우뚱한 게
지난 밤사이 쌓이고 쌓여서

지붕을 타고 내려오더니
마당 잔디까지 적시고 있는데

김장 배추랑 마늘밭에는
듬뿍 내려 주었으면 좋으련만

나락 논에는 가지 않았으면 했다

오솔길에서

바람이 나뭇잎에 스며들면
잡념은 흩날리고

고요가 발걸음을 붙잡으면
생각은 없어지고

그러고 나면

햇살 비치는 좁은 이 길로
마음이 먼저 앞선다

여백

파란 하늘
솜털 같은 흰 구름
그 사이를 마구 달린다

여름 내내
짙은 그늘막에
그림자 누였던 나는

오늘
봄 햇살 같은
따스함이 좋아서

푸른 잔디밭에
젖은 마음 얇게 펴서
태양초처럼 붉게 말린다

하늘 캔버스에
달랑 구름 몇 점 그려놓고
텅텅 비운 하루

어미 소와 아기 소

밤새도록 운다, 둘이
구슬프게

어미 소는 안타까워서
눈망울을 껌벅이며

아기 소는 배고파서
서럽게 서럽게

울다 지친 아기 소는
단 사료를 먹는데

젖가슴 부른 어미 소는
마른 울음뿐이라

어찌할 수 있는 게 없어서
그냥 울기만 하는 게

외면하고 돌아누운 나도
밤새 눈물이 났다

아들의 멋

우리 집 아들 장발장

누나들 잔소리에도
머리 말리는 수고에도

까만 머리 앤이라고 놀림에도
머리카락이 눈을 찔러도

씩씩한 우리 집 고딩

메뚜기 한 철이 될지도
트레이드마크로 지속될지도

자기 길을 걸어 걸어가라고
응원하고 기도할 뿐

우리 집 아들 멋쟁이

숲속 작은 길

한적한 숲속에
자잘한 흙돌로 덮인
좁고 울퉁불퉁했던 그 길

패인 발자국마다 남겨진
젊은 날의 추억들

네 손을 꼭 잡고
걷던 그 길
낮은 목소리로 주고받았던
크고 작은 비밀들

가끔 비바람에 젖어
더 깊이 팬 흔적도 남기고

언젠가 또다시
삶의 길에서
찬찬히 손잡고 걸어갈 그 길

떠나간 계절

언제 어디서
왔는지도 모른 채
오랫동안 정든 친구가 갔다

점점 빨라지던 저녁
점점 늦추던 아침

내 일이 바빠서
내 생각이 많아서
주춤주춤하는 사이에도
헤어지는 아쉬움인지 자주 눈물 흘리고
새벽마다 하얗게 말리더니

오늘 아침, 하얀 첫눈 소식에
빈 바람만 남겨두고 갔다

갑자기 떠나는 이별의 쓰라림으로
동구 밖까지 따라나서 보았지만
붙잡을 힘도 이유도 없던
나는

홀로 돌아서고

맥없이 고개 숙인 목덜미 아래로는
고추바람이 기어든다

배추밭에서

고추 농사 끝낸 이랑에
밑거름 넣고 깊게 일구었다가
여리고 여린 떡잎 배추 모종
조심스레 옮겨 심고는
아침 마실 삼아서
저녁 운동 요량으로
때맞춰 물 뿌리고
약 치고도
잡초 뽑듯 벌레도 쫓고
달팽이도 잡는다

과한 비료 탓에
한 포기는 말라버렸고
벌레에 때 놓쳐서
속 파먹힌 또 한 포기
참새 짓인지 까치 짓인지
뜯겨나간 이파리도
더 잦은 발걸음 때문인지
날씨가 좋아선지
밑거름 덕인지

옆집 밭 배추보다 실하다

마냥 어리게만 보이던
우리 집 막내아들
명절 연휴라서
시골집 두 밤에
노래방 기계를 연결하고
겨울밤 땔 장작을 정리하고
난로 청소하는 것이
언제 이렇게 큰 것인지
하루 서너 차례 찾는
텃밭 배추처럼

농부 잦은 발걸음 소리에
곡식이 영근다고 하니
우리 집 아이도
아무 탈 없이 자라기를
배추 한 포기 들춰서
달팽이 잡듯이
모나고 아픈 것은

너무 과해서 탈 나지 않고
좋고 아름다운 것들로
풍성했으면 하고

당근 수확하는 날

돈 안 되는걸
뭘 하려고 하냐? 하시며

날 좋은 봄날 거름 잡고
편편한 이랑 질에 씨뿌리고는
여름 내내 물 주고 김매었던 당근밭

달짝지근 마셔본 당근주스
커피 대신 먹어도 좋았던 그 맛에
기대하며 수확하는 오늘

큰 놈 몇에 못난 녀석 투성이인 것이
실한 것도 약한 것도 하나 없이 다르지만
누가 못나고 싶었을까?

남의 애와 비교되는 우리 아이 생각으로
주스 한잔에도 목이 멥니다

건고추

파란 풋고추가
붉은 태양 아래에서
마음 졸이고 졸이던 시절 지나고
연일 계속되는 폭염과 열대야
가난했던 지난날
악착같이 살아내셨던 것 같이
기다리고 기다려서
사흘 밤낮 몸이 빠삭하게 구워지는 그때에도
견디고 견뎌내어서
모든 것을 내려놓고 떠날 즈음에
마음속까지 훤히 내어 주고
사랑으로 살다 가신 어머니
장미꽃 보다 더 곱고 밝은 모습으로
겨울 김장철 그때까지
다시 만날 그날까지

언제나 당신 이름 앞에만 서면
눈물이 나는 것은
당신의 매운맛 때문이 아니라
잊을 수 없는 당신의 사랑과 헌신 때문에

미안함과 고마움으로
빨간 그리움이 한가득입니다

길동무

남으로 만나 닮아가는
서로 어깨도 빌려줄 수 있는
떨어져 있어서 궁금해지고
만나면 힘이 되는 사람

마라톤 같은 인생길을
수레바퀴처럼 짝 맞추어서
삐걱댈 때가 여전히 많겠지만
함께 걸어가야 할 사람

앞만 보고 걸었던 길에
고개 젖혀 미소만 남겨두면
달려와 손잡아주고
챙기고 채워주는 사람

불볕더위 피할 그늘처럼
여름 그림자같이 딱 달라붙어서
앞서도 좋고 뒤서도 괴안은
당신은 내 동반자입니다.

노을 Ⅱ

치열하게 견뎌낸 하루
서산 위
해가 그 주인을 찾으니
설렘 가득한 것처럼

진정, 너는
돌아갈 하늘을 기다리는지

3부

택배 상자

기다렸던 택배 상자

상자에는 넣을 때보다
꺼낼 때가
더 좋다

갈대 상자 속에 담긴 요게벳의 눈물같이
마지막 한 줌을 담았던 그날
상자는 이별이요
갇힌 슬픔이다

나일강 강가에서 우연히 찾아온 선물같이
설렘과 기대로 열어본 그날
상자는 만남이요
열린 기쁨이다

상자는 채우는 것보다
비우는 것이
더 좋다

얼른 받아서 뜯어 본다
새날을 여는 상자

구겨진 손수건

새로 꺼낸 바지 오른쪽 주머니에서
잃어버린 손수건을 찾았다

초등학교로 이름이 바뀌어 버린
국민학교에 들어가면서
왼 가슴 편 이름표 밑에는
기다란 손수건이 받쳐 달렸지

앞으로 콧물은 옷소매로 문지르지 말고
손수건으로 꼭 닦아야 한다시며

뒷주머니에 아무렇게 찔러두던 촌놈의
땟물에 꼬질꼬질 구겨진 손수건이

결혼하면서 매일 챙겨주던 아내 덕에
다림질된 향기 나는 손수건으로
뒷주머니 지갑이랑 앞주머니로 금의환향했었지
몸자세가 틀어진다는 엄포와 함께

누군가 기다림의 노란 손수건도 아니고

진한 사연이나 추억 이야기도 없지만

다시 찾은 구겨진 손수건은
반백 년 그 시절 그 골목 그 얼굴까지
펼쳐서 곱게 개키고 있다

핸디캡

미리 포기하지 마라
삶은 신페리오 골프다

다 가진 것처럼 보여도
부족한 것뿐이고
하나도 없는 것 같아도
넘치도록 가졌어!

네가 가진 것이 보이지 않을 뿐
남의 것이 많아 보일 뿐이야!

자기 길을 가야 해
너에게 있는 것을
네가 잘하는 것을
네가 좋아하는 그것을

핸디캡은 누구에게나 있어
덤으로 얹혀 줄 뿐이야!

지독한 음치이지만

나도 이런 글을 쓰고 있듯이
찾아봐 네 것을
누구도 가지지 못한 것을

언젠가는 알게 될 거야!
공평했다는 것을

지렁이

아는가

봄비가 내리면
지렁이도 빗소리 들으며
차 한 잔 마시고 싶다는 것을

넘쳐난 물에 어쩔 수 없어 쫓겨 나왔는데
누군가의 발길질에 두 동강 되면

아픔은 하나일까 둘일까
삶은 같을까 다를까

상처 아물고 고통은 가라앉아서
무뎌진 흉터가 바윗돌처럼 딱딱해지면

쪼개진 돌멩이는 울지도 아프지도 않아야 하는데
지렁이는 더 많이 아프고
더 오래 운다는 것을

비가 내릴 때면
지렁이도 가위눌린다는 것을

정오에

뒤집힌 양산처럼
나무 머리 위 하늘이

유난히 작아진 것은
이 사람 저 사람

공유지의 비극처럼
미리 당겨쓴 탓

제 몸보다 작은 그늘도
모두 내어주고서

팔월 한낮 더위에
바람에 휘어진 가지로도

땀도 훔치고
부채질도 했습니다

지금은 감기 중입니다

진작 마스크를 끼고
아프기 전에 조심해야지
밀려드는 후회보다
쉴 새 없이 흐르는 콧물과
마른 입속으로 터지는 잦은 기침
정작 바쁘기 그지없는데

있을 때 잘해야지
말은 쉬운데
얼마나, 무엇을, 언제까지
정해진 것 하나 없이
밑도 끝도 가늠도 안 되는 게
그런 말이라고

코로나도 독감도 아니라서
다행이라며 무심히 끊어서 주던
오 일 치 처방전에 보탠
"어휴, 조심하지, 그랬어요."
"무리하지 말고 이삼일 푹 쉬세요."
너무나 잘 알고 쉬운 그 말에

'고맙다'라는 인사보다
기침이 먼저 나왔습니다

잡음 많은 라디오

텔레비전도 인터넷도 없는 한적헌에
아들 녀석이 던진 말을 주워서
방치된 라디오 선반 위에 두었다가

부산했던 하루가 지나고
고요가 적막으로 멈춰 선 시각에
정성껏 채널 맞추어 가노라면

세상 살아가는 이야기
갖은양념 버무린 노랫가락
참으로 요긴하긴 한데, 고민하나

필요보다 더 많은 잡음
효율에 젖은 신자유주의자
켰다가 끄다가를, 일 하나가 늘어나고

어쭈! 맞춰 둔 채널인데도
다음이면 찌~지직 귀 거슬림으로
다시 섬세하게 만지작하고

아하! 아무리 좋은 것이라도
잡된 것이 섞여서는
불량품인 것을

잡음 많은 우리 집 라디오
충고 좋아하는 날 닮은 것 같아서
틀지도 버리지도 못하고

이유

설렘이 익숙함에 묻혀
시간이 내어준 자리를 차지하고
맞춤옷처럼
익숙함으로 편안함이 더해지는데

매일매일 길에서
매번 보던 사람들처럼
꽉 낀 생각과 똑같은 행동이
뱃살처럼 달라붙어

좋은 곳
갖고 싶은 것들
하고 싶었던 일에도
변명과 핑계에 포로가 되어서

초심은 멀어지고
내 그림자도 찾을 수 없다
어쩔 수 없이 동의한 개인정보처럼
설국열차 앞 칸을 차지하고
남 보기에는 좋아서

시도 때도 없이 손가락질에 욕했던 모양이라서
스크루지처럼
냉소와 이기심으로
자리 욕심에 갇혀 버린 나

인제 그만 내려가야지
내 그림자를 찾아서

왼손잡이

오른손을 내밀고
오른발 먼저 내딛고
돌아도 오른쪽으로
던지는 손도
받는 손도
슬라이스 많은 날처럼

왼쪽에서 오른쪽으로
편지를 쓰고
읽는 책도 그렇고
문고리도
망치며 벤치 같은 연장도
가끔 쥐나는 발까지

어느 날부터
걸어가는 방향까지
좌측통행에서 우측통행으로
표지판도 바꾸는 것이
왼쪽은 틀린 것이고
오른쪽이 옳은 것이라는 듯

오른쪽으로 맞춰진 세상
당연하다고 생각했던 것에서
약하고 여린 새싹처럼
다른 쪽을 보는 우리 아이 같아서
마음 주고, 보듬고 싶어서
왼손도 내밉니다

용포 못에서

용포 못가 풀숲에는
버들강아지가 예쁘게 피었고요
바람결에 반짝이던 윤슬 작은 동심원 되어
내 발 앞까지 한달음에 반겨줍니다

자연은 가질수록 고개를 숙이는데
사람들은 가지면 가질수록 뻣뻣하게 힘이 들어간다지요
별것도 가진 것 없는 나도
짓밟고 서서는 자기가 최고인 양했지만

비가 오면 비에 젖을까?
바람 불면 쌓은 탑이 무너져 버릴까?
텅 빈 객석처럼 공허로 발길이 닿은 이곳 용포 못에서
걱정은 덜어내고 살아갈 새 힘을 담아갑니다

여유 Ⅱ

약속이 취소된 주말 아침
막차 놓친 것처럼
망연자실 막막한데

떠오르는 생각 하나
임시 공휴일처럼
덤 같은 하루이거늘

엘피판 볼륨 높이고
진한 커피 한 잔
어닝친 통 창문 아래로

누웠다가 앉았다가
졸린 눈도 붙여 보고
하루해가 짧았습니다

오리와 십리

오리를 가자고 하면
십리를 가 줄 수 있을까?
구레네 시몬처럼
십자가를 져 줄 수 있을까?

달라고 하면 선선히 내주고
오른뺨 맞고도 왼뺨도 대 주고
때린 사람이 잘 되기를 기도하고
뒤통수 손해도 감수할 수 있을까?

천국에는 그런 사람이 많겠지
마음 따뜻하고 가슴 넉넉한
돈 떼먹은 사람도 토닥여주는
뻔한 거짓말에 웃어 주는 사람이

속옷을 가지고자 하는 자에게
겉옷까지 내어 주고
대접받고자 하는 대로
섬기는 자가 되어야 한다는 것을

아직은
매번 생각뿐으로
오리와 십리 사이에서
변명이 늘 앞서고 있습니다

실업자와 실직자

아침 전화에
만나서 점심을 먹고
커피를 마셨다

그는 바닐라라테를 시켰고
나는 캐러멜 마키아토를 주문했다

정년을 원했던 그와
내 일을 갖고 싶었던 나는

그는 한 직장에서 평생을 보냈고
나는 한 직종에서 버텨냈건만

이루지 못한 것들보다
비워진 커피잔이 아쉬워서

다음 달에는, 한번
하동 사는 동기도 같이 보자고 했다
삼십여 년 전 그때처럼

시를 쓰는 날

별반 다를 것 하나 없는
비슷비슷한 날에

내 집으로
햇빛도 찾아오고
비바람도 왔다가 가면

내 마음
좋았다가 나빴다가
웃다가 울다가 하는데

문득, 부딪히는 그 무엇 하나로
특별해지는 날이 있다

불치병

무에
그래 할 말이
그리 많소!

아니
다 알면서두

그저
그렇게

그냥저냥
웃어 주면 될 일을

내 고질병이
그리
옮겨간 거요?

별과 밤사이

익숙함으로부터 멀어지면
왠지 부자연스럽다

긴 긴 연휴라서 질리도록 쉰다는 것도
잠깐 오후 낮잠이 꿀잠이었음에도

가을밤이 오늘처럼 길고 길어진다면
긴긴 겨울밤은 어찌 지낼 것인지
별과 밤사이에서

한글날 연휴 시작되는 주일 밤 넘겨서
올빼미처럼 잠을 잊고도

멀어진 익숙함, 그 속에서도
박제당하지 않았으면 했다

그리 오래된 시간에
그 사이만큼

별 쓸데없는 조언

누가 가난하다고 했던가?
누가 외면하는가?

붉은 황토 흙더미 위에
거대한 내일이 쌓여 가고
밤늦은 시간에도
젊음이 쉼 없이 분주하게
꿈꾸며 달려가는 게

잊고 있었던 날들
삼사십 년 전 나를 보는 듯
조각조각 기억의 파편들을 모으며

바탐섬의 젊음이
십 년 후, 이십 년이 지난날에도
초심은 살아있기를 바라며
늘 기억하기를

가난이 죄가 아니었다고
그때가 행복이었다고

못난 짓

과식한 날이면
밤새도록 뒤척이고
끙끙, 속 앓는 소리에 잠 설쳤다지

완충한, 오래된 내 핸드폰
잠시 잠깐 뒤적거린 것 같은데
삐삐, 다 방전되어 경고문구가 뜬다지

현관에 세워둔 자전거
바라만 본 지도 일 년이 지났나!
에구, 헐 튜브를 몽땅 갈아야 했다지

해외여행 온 날이면
입맛과 일정에 불만 가득한 게
아하, 늘 자족 못하는 미련인 거지

매번 지나고 나면
후회하고 또 후회일 텐데
오호라, 언제 자유로울 수 있을 것인지!

독백 Ⅱ

부고 앞에서는
언제나 진행형인지
다시 만날 거라고
확신하면서도
이별이 맞닥뜨리면
언제나 그날처럼
머릿속은 하얗게 되고
온몸은 쭈뼛쭈뼛 서 있다

아흔일곱 해
파란만장한 삶이
아무것도 없던 곳에서
질긴 역사를 채우고
믿음을 지켰으니
영정 사진 고운 모습이
내 속살을 여미는지
가슴이 찌릿찌릿 저린다

필연 한번 와서는
꼭 가야 하는 길이기에

경험도 쌓이면 덤덤하련만
서울까지 천 리 길도
한나절로도 충분한데
무소식이 희소식이라고
뜸했던 발길이 후회로 남아서
마음은 아퀴조차 못한다

발길

몇 번을 망설이다가
그림 구경을 갔습니다 어제는

가을이면 가끔이지만
전시회도 음악회도 익숙했고

한 번씩 꽃구경도 하고
영화를 본 적이 있었지요

코로나 때문인지
당신이 옆에 없어선지

결혼식 축하 자리도
장례식장 조문하는 것도

부모 손 놓친 아이처럼
제자리에서 맴돌기만 할 뿐

혼자서 딱히 할 수 있는 것이 없어서
우두커니 앉았습니다 오늘도

당신은 홀로 웃고 있는데
웃지도 울지도 못하는 나는

지나는 길에 빈손으로 왔다가
마음 한 조각 놓고 갑니다

4부

새날

뻔히 죽음을 향해 가면서
매번 죽었다가 깬다

죽을 만큼의 고통도
어둠으로 눈이 감기고
세상 다 얻을 환희의 날에도
잠들 밤은 쉬이 오고

새날, 아침이 오면
다른 날을 꿈꾸던 나는
일상이란 쳇바퀴에서
떨어지지 않으려 바둥대고

경험이 주름살만큼 늘어나면
시간은 화살처럼 빨라지고
더디게 가는 남의 일도 사사건건
밤잠마저 시샘이 되고

마지막 날이 가까워지면 질수록
새날은 일찍 오는가 보다

별빛 총총한 밤하늘에

그리움은
시도 때도 없다
식당도 하루 전에
예약하는데
눈물 한 방울,
예고라도 미리 주면
손수건이라도 준비하련만
불쑥불쑥 찾아와
온통 휘저어 놓고는
그냥 사라진다
지울 수도 잊히지도 않아서
교회 십자가 불빛도 꺼진 시간
오늘 밤 새벽에도
그저 멍하니 하늘만 쳐다본다
세밑 달님 고와서
촌집 별빛 총총한 밤하늘에
당신 찾듯 별 하나둘 헤어 가노라면
환히 웃고 있는 얼굴
내 가슴에 하나
뚝 떨어져서

한 해 지나가고
한 밤이면
새해 되는데
언제 오는지 가야 하는지
통 기별이 없어서
왔다 갔다
옛적 창문 아래 세레나데 부르듯
애태우고 있다

지켜주지 못해서 미안하다

뚫렸다, 지난밤에
어떤 놈의 짓인지도 깜깜한데
처참한 아침이다
싸늘한 주검으로 나뒹굴어 있는 다섯 남매
설마가 사람 잡는다고
단도리라 생각했지만 철망과 판자까지 헤집고
배고픔 달래는 것도 아니고
철천 원수진 것도 없을 것인데
보복하듯이 몰살시켜서 내팽개친 것이
누가 약육강식이라고 했던가?

죽었다, 한꺼번에
무슨 이유인지도 왜 죽어야 하는지도 모르고
그날 그 자리에 있었다는 이유로
어느 날은 바다에서
어느 날은 도시 한복판에서
설마가 사람 잡겠냐 안심한 것이
누구 하나 잘못한 사람도 벌 받는 이 없는데
한풀이 당하는 것도 아니고
다시는 이런 일이 없겠다는 공염불

누가 경제 대국이라고 했던가?

노란 리본을 달고
한동안 도시의 골목길은 피하고
심어둔 나무도 보러 가고
아이들 손잡고 항구에도 갔었지
지켜주지 못해서 미안하다는 아픔이, 슬픔이
떨어지는 눈물이, 후회가
일상이 될까 봐, 무섭고 두려운 것이지
그날 그 시간, 얼마나 무섭고 겁나서 몸서리쳤을까?
알고나 있는 것인지
이장집 닭들의 장송곡
그 울음이 떠나지 못하고 있다

일출

하늘은 이미 알고 있는 걸까
처음 만난 당신의 첫인상
붉게 타오른 열정으로
매력적이었다고

바다는 알고 있었던 거지
처음 본 당신의 모습은
눈을 뗄 수 없도록
아름다웠더라고

성산에서 만난 당신은
삼십 년 전과 똑같았다는 것을
파란 하늘과 바다도
당신처럼 수줍어 한다는 것을

이제야 알 것 같다

유심칩

폰을 바꿨다
수리비가 만만치 않아서
큰맘 먹고 최신 폰을 샀다
옛 폰의 유심칩을
새폰에 끼운다

삼년이 지났다
이제는
내 마음에도
내 삶에도
두 개의 메모리 칩이겠지

아내를 사랑한 내 마음
유심(有心)과
새로운 사랑을 향해 나아갈 거야
유-심(NEW 心)으로

새폰의 화질처럼
다른 세상을 경험해 보는 거야

울적한 날에는

무언가 풀리지 않아서
울적하고 답답한 날에는

곁에 아무도 없어서
홀로 삭혀야 하는 시간이라면

누군가는 대청소하고
그 누구는 시끄러운 노래를 틀고
또 다른 이는 자책의 골방으로 기어들지만

이제는 미용실로 한번 가 보세요

잘려 나간 머리카락에 울적한 마음도 버리고
까맣게 염색된 머리로 거울 앞에 서서

헤어 디자이너의 능숙한 손길에
새로움도 젊음도 얻고

달라진 머리 모양으로
좋아라 할겁니다

연착

기다림은 사람을 지치게 한다
서둘러 도착한 공항에서
지연된 비행기에
설렘은 체념으로 변하고

기다림은 소란스럽게 한다
지연된 항공편 안내로
탑승구까지 바뀌면
평온한 여행자도 활화산이 되고 만다

기다림은 인내를 요구한다
기다리지 않고 되는 일
어디 쉬이 있으랴
참고 버티어서 얻은 것들인데

집으로 돌아가는 기다림은
다른 모든 것을
내려놓아도 좋은 일인 거다
길게 늘어선 줄처럼 이야기도 잦아진다

거기 여기에

어, 여기에
별생각도 없이

수업 마치고
예전에 살았던 집으로
나도 모르게 가고 있는 것처럼

금방이라도
눈 내릴 것 같은 날씨에
천관녀 찾아간 장군의 애마처럼

성탄 앞두고
만나보고 싶은 마음에
앞산 송전탑에 반짝이는 트리처럼

아, 거기에는
별다른 일은 없지요?

뒤숭숭한 마음 한켠
무언가 하나 놓친 듯이

밤배

소리는 굉음으로
끝나지 않을 것 같다

여태 눈 감고도
쉬이 곧잘 했던 것인데

코로나 핑계인지
입국신고서 작성에도
몇 번인가 주춤주춤해야 했고

좁은 객실 안에서
시간은 느리고 천천히
나뿐만 아니라는 것이 위안으로

칠흑 어둠도 분주해서
저마다 생각들은 뒤로 미뤄두고

생전 처음 밤 비행기인 것처럼
경고 방송도 시끄럽다

가로등

눈길 한번 주지 않아도
바라보는 것만으로도
세상 다 가진 듯 행복했지

네가 내게로
한번 웃어 주었던 것으로
언제까지나
어디서나
그냥 지켜주고 싶었던 거야

세상 힘들고 지쳐서, 어두운 밤길 헤맬 때도
있는 듯 없는 듯
은은하게
보폭 맞춰서 함께 걸어가는 동무처럼

네가 행복하기를
네 길을 잘 찾아가기만을
오늘 밤도
어제나 그제나, 매일매일 그곳에서

잘 볼 수 있는 곳이라서
그냥 서 있었어

발뒤꿈치

왼쪽 발뒤꿈치가
신호를 보내왔습니다

여름 내내 맨발 슬리퍼로
초보 농군 상남자 흉내 내다가

잘 보이지 않아서
그런대로 견뎌내 주어서

겨울 찬 바람에 갈라져 튼 손등
때 밀고 싸매 주셨던 어머니 생각이 절로

각질 밀고 보습제 바르면서
기억에 기억이, 때 늦은 무심함에 젖어

아마도 한동안은
어머니!
힘들었던 날들이 소환되겠지요

몽유

한 밤 중
또
깼다

비몽사몽
다시
청해보지만
글렀다

찜찜하고
무거워진 몸

기억에 없는
후회와 이유가
떠다닌다

달무리

아무도 알아주지 않아도
그 누가 보지 않아도
시월 보름이라서
동그란 달
중천에 떠 올라서
자체 발광하고 있는지

하루 종일 찌푸린 가을날
움츠렸던 내 마음
민턴으로 땀 흘리고
올려다본 하늘
둥근 홀 중앙 보름달처럼
나도 자체 발광해야 하는 것인지

늦가을 늦은 밤하늘에
당신 닮은 것 같아
눈 한번 마주쳐 볼까 싶어서
까치발에 왔다가 갔다가 한참이나 서성였는데
눈물은 인제 그만
가을걷이 늦어지면 안 되니까

다짐 Ⅱ

무모하지 않으나
비겁하지도 않도록

호기처럼 나대지 않으나
쪽팔리게 숨지는 말고

바로 해야 할 일이라도
서둘지 말자

미루지도 말자

그냥이라도 웃자

웃을 날이 많았으면 좋겠습니다
그냥이라도 웃을 수 있다면
그래도 괜찮습니다

웃을 일이 많았으면 합니다
억지라도 웃는다면
그런대로 좋은 일입니다

웃음은 급성 전염병이라서
주변을 웃게 만드는 보약이라서
숨길 수도 없습니다

웃는 얼굴에 침 못 뱉는다고
웃으면 복이 온다고
한번 웃으면 한번 젊어진다고

웃을 곳도 많으면 좋겠습니다
이곳저곳에서 웃다 보면
서로서로 웃으면서 살겠지요

회상 Ⅱ

참말로 빠르네요

반가운 이들을 만나서
웃고 재잘거리고
간혹, 진상과 맞닥뜨려
화내며 큰소리쳐도

한낮 태양 아래
아기 주먹만 한 그리메가
어느새 땅거미 낮게 내려앉을 때면
무대 뒤편 움츠린 짙은 어둠에
지친 하루도 멈춰서고
우물 아래 빠졌던 그때처럼
섬뜩함에 젖어서

누군가가 속히 왔으면
다시는 그리하지 말자고
쩝 쩝 쩝

시간은 의외로
더디게 지나가네요

달밤에

내 마음을 알고 있는지
달빛 동심원이 커졌다 작아졌다
뒤엣말하는 듯 팔월 첫날

먼저 경험했던 지난 과거는
질긴 관성으로 남아서
한 발짝도 나가지 못하게 하고

겨우 든 잠을 깨운 처제 전화에
하루 지나 내일 일어날지도 모를 일에
이러쿵저러쿵 예단만 늘어놓고

익숙할 수 없는 이별을 앞에 두고서
달나라 토끼 이야기처럼
담담하여지라고 했지만

내 마음도 내 생각도 오락가락하는데
동그란 달빛은 다 알고 있는 듯이
밤새워 피식 웃고만 있어서

얄밉고도 서럽고 분해서
도끼눈으로 째려보니
겁먹은 듯 갸우뚱 비켜선다

형해화 Ⅱ

내가 알고 있는 것과
당신이 기억하는 것이
다르다는 사실에
말문이 막힙니다

그 시간 그 장소에서
그리 복잡한 내용도 없는데
전혀 다르다는 것이
이해되지 않습니다

전후 맥락도 없고
말의 논리도 아니기에
당신의 바람이
형해화된 것은 아닌지

혹여 내가 알고 있는 것이
아닐 수 있다고
살피고 살펴보았지만
그럴 수는 없는 일이기에

당신의 기억이
입증될 수 있는 증거를
불편을 무릅쓰고
요구하는 것입니다

소행성

바닷가 밀물처럼
먼 물결은 넘실댈 뿐
천천히 파도가 되어 밀려오더니
이내 발밑 모래를 훔치고 달아났다

시골집 저녁도
서산에 붉게 색칠만 더하더니
옅은 어둠으로 서서히 서서히 내려와서는
금방 깜깜한 한밤을 먹어 버린다

어린 왕자가 사는 별에는
책상 의자 한번 끌어당기면
싫증 나도록 일몰을 볼 수 있다고
한걸음 내내 아침이라지

기다림은 쉽게 지치도록 느렸고
결정은 매번 급하게 지나쳐 갔기에
당겨 앉을 수도, 다가설 수도 없었던 나는
후회만 찌꺼기처럼 눌어붙어서

밤하늘 어딘가 저 별 중에는
나와 닮은 아이가 살고 있을까?
내 생각 알아 줄 이가 있을까?
별빛 하나가 등대처럼 반짝인다

남자의 색깔

"사람들은 오베가 세상을 흑백으로 본다고 말했다
하지만 그녀는 색깔이었다
그녀는 오베가 볼 수 있는 색깔의 전부였다"

멈췄다. 책 읽기를,
두 눈에 괴인 투명한 액체가 돋보기가 되어
세 줄짜리 문장이 큼지막하게
나비처럼, 잠자리처럼 접힌 날개를 하나씩 펼치고 있는 것을 보고 있다
온전히 다 끝내기까지 숨도 멈추고
서서히 움직이다가 기어코 날아 오른다
내가 아는 모든 색깔들, 빨주노초파남보
기쁨, 열정, 환희, 설렘, 기대, 즐거움과 희망, 내가 아는 모든 좋은 말들이,
무지개 빛깔에 뒤엉켜져 뒤따라서 올라간다
생각이 멈춘다. 책도 덮었다
비문증이 도지는지

하얀 셔츠에는 시간과 기억이 빈칸 하나도 없이 빼곡하게 채워진 채로

움직이는 것은 모두가 까맣고 까맸다
세상은 밝은 색깔로도 부족한데
그 남자의 색깔은

흑백으로도 넉넉했다

5부

살 사람과 산 사람

올 한해도
잘 살아야지
살 사람의 다짐이

올 한해도
잘 올라가야지
산 사람의 의지가

아킬레스는 언제까지나
느린 거북이를 이길 수 없다는
말도 안 되는 제논 형이 이해되는 것이

마주 싸우던 두 세계가
한층 치열해질 모순의 새해로
구름문 열고 또 한 발 내디뎠습니다

시지프스의 변명

묵직하게 손에 잡혀
짓누르는 무게
삶의 바위
도망치고 싶었지

산꼭대기로
쉴 사이 전혀 없이
끙끙대며 밀고 밀어서
옮겨 놓았다고 하면
처음 자리로

포기할 만한데도
또다시 밀며 올라가야 하는
숙명처럼 맞닥뜨린 삶이
영원한 형벌 같아도
살아낸 길에는

봄이면 꽃이 피고
가을이면 열매 맺혀서
매번 되돌아 내려오는 순간은

마치 일상의 호흡과도 같아서
바위를 온전히 볼 수 있었다고

사유가 비틀대는 마지막 전환점처럼
사막과 같은 기이한 공간에서
뒤이어 올라갈 또 다른 시지프스에게도
죽을 수조차 없는 천형이
카뮈의 반항과 열정을 찾아내면

묵직하게 짓누르고 있던
일상이란 삶의 무게가
행복의 바윗돌
감사한 게 천지라고

굳은살

물집이 잡혔던 손가락 마디에
단단한 더께가 앉았다

나무판자에 글자를 판다고
며칠 동안 상처에 상처를 보태더니
딱지가 아물고 생긴게다

세상 단단한 것은
깊은 상처의 흔적이 다 있다

용광로를 견뎌낸 쇠기둥처럼
쩌억 쩌억 갈라진 채
수년을 버티고 서 있는 한옥 기둥도

든든히 서서 지켜내려고
상처 껴안은 채 몸부림친 시린 마음이

상처 아문 그 자리에
더께처럼 앉아 희망이, 소생하는 꿈이
다시, 일어나 달리라고 한다

결단

익숙한 일이 서툴러지고
익숙한 곳이 생소하고
익숙한 관계가 서먹해질 때면

한 번씩 그런 것이 아니라
자주 그런다면
늘 그러면

그 업은 나의 일이 아니고
그 자리는 내가 있을 곳이 아니고
그 분깃은 나와의 관계가 아닐 것이기에

마음 거두고
한 발치 떨어져서
웃음 남기고 떠나야 할 때라는 것을

내 앞에 맞닥뜨리기 전에는
쉬운 거라고 말했지

아홉보다 하나에

침대에서 내려와서
방바닥에 누워 봅니다

편하고 푹신한 것에서
딱딱하고 불편한 곳으로

귀찮고 성가심에도
사람 냄새가 그리워지고

돌아갈 수 없는 그곳에
되돌릴 수 없는 그때 생각으로

채우길 원했던 좋은 것 아홉보다도
잃어버린 하나에 마음이 쓰여서

원망과 후회가 뒤섞여 버려선지
쉬이 일어나지를 못합니다

새옹지마

날이 갑자기 찬 오늘
아침 햇살이 곱게 손 내밀면

누군가 말처럼
한쪽 문이 닫히면
다른 문이 열린다는 것을

익히 알고 있었지만
막상 닥칠 때면

하늘이 무너진 듯
그것만이 내 세상인 것 같고
매번 후회만 남기게 되지

하지만
한파주의보 문자보다 더 자주
찾아온 그 고운 빛처럼

일단 일어나
한걸음
다시 가 보기로 하자

애매한 나이

나이는
늘 애매하다
어리다고 입장을 거부당하고
많다고 퇴짜 맞고
오늘이
가장 젊은 날이라지만
앞으로는
만 나이로 줄 세운다고 하지만
만나면
먼저 가름해 보고
주섬주섬 꿰맞추게 되는
살아온 연수, 나이는
숫자일 뿐인데
학교엘 가고, 결혼할 때도
적령기를 굳이 따지지 않았던 것 같은데
앞으로 자주 마주칠 일들이
이별과 만남
들어가고 물러남에는
따로 정해 둔 나이가 없어서 그런지
오늘도 나이로 애매해진 나는

웃음으로
모면할 뿐이지

애매한 나이 탓에

종량제 봉투

띄엄띄엄 시골살이 반년
전입 축하로 면사무소에서 나눠 준
종량제 봉투는 쫄쫄 굶다가도
한 번씩 손님들이 찾아오면
동네잔치에 초청받아 간 할머니처럼
배도 부르고 흥도 넘칩니다
빵빵하게 배부른 봉지 두어 개를 손에 들고
먼지 땀 범벅으로 여름날 집에 오면
속 옷까지 홀딱 벗고 물 끼얹듯이
그늘 내려앉은 뒷마당에서
종량제 봉투 뒤집어서
선별기 스위치를 작동시킵니다
젖은 종이는 펴서 상자에 담고
비닐은 씻어서 두고
나무젓가락은 무쇠솥 아궁이에
수박껍질은 텃밭으로
덩그러니 남겨진 종량제 봉투만
쓸 일은 없는데 버리기는 아까워서
축 늘어진 뱃살 잡아 당겨보듯이
들었다가 놓았다가
생각만 늘었습니다

변덕 Ⅱ

도시에서 만난 지인이
한적헌 촌집에 온다길래
지난 가을 수확한 이것저것
봉지 봉지에 담으면서
마음은 저만치 마을 어귀로 마중 나갔는데
피치 못할 사정으로 미안하단 문자에
이해도 되고 그럴 수 있다고
덤덤하게 다음을 기약했는데

쌓아둔 봉지 봉지가 잘 풀리지 않아선지
갈기갈기 뜯어 몽땅 처박아 버리고는
삐죽 튀어나온 덮어쓸 이불에다
발길질을 해댔습니다

다시는, 다음에는
마음을 미리 보내지 않기로 했습니다

배불뚝이

잦은 저녁 회식으로
늘어난 허리띠에도
속은 끓고 있다
며칠 굶어야 하나?
운동 나갈까?
하필 찾아온 핑계에
다음에
내일은 꼭 하고는

이어지는 저녁 약속이면
매번 무장 해제된 채로
닭대가리가 되고

거울 앞 아침 출근길이면
밀려드는 후회로
작심 하루는

몇 날
수일도 지나서야

늘어난 뱃살은
달리는 온천천에도
터벅터벅 걷고만 있다

귀거래사

바람아! 멈추어 다오
시간을 뒤로하고 달려온 길
햇볕도 고운 가을날
찾아준 친구야 고맙구나!
파란 잔디밭이 누구 편인지
혜픈 농도 즐겁기가 그지없고
먹고사는 핑계가 변명으로 쌓여서
몰랐구나! 몰랐어라
이런 날도 있다는 것을

태양아! 쉬어 가려무나
일상을 세우고 찾아온 길
구름도 예쁜 가을날
어울린 친구야 좋았구나!
마음과 달리 몸은 따로 놀아도
핀잔도 충고도 쉬이 웃어넘기고
살아온 날과 살아갈 날 적절히 버무려
즐겁구나! 즐거워라
이런 밤도 좋다는 것을

실수한 것은 실수한 대로
잘한 그것은 잘한 대로
비바람 맞아내고
햇살에 영글어 가듯이
넉넉하게 품어내는 텃밭처럼
자주 보자는 약속으로
작비(昨非)는 제쳐두고
금시(今是)의 깨달음으로
재흔재분(載欣載奔) 하려무나

왜 이제야 알았으리오
친구야! 쉬엄쉬엄 가도 된다는 것을
네가 나를 응원하고 있듯이
너도 행복했으면 좋겠어!
어찌하여 서둘러 어디를 가려느냐
자연의 순리에 맞추어서
임정뉴이적시(臨淸流而賊詩) 하려니
가끔은 들러서 대작하구려
바람처럼 태양처럼 가보자꾸나

거미줄

며칠 비운 시골집에는
거미줄이 쌓여 있다

주인장 없는 틈을 타서
자릿세 한 푼 들이지도 않고

잠긴 대문은 언제 열었는지
촘촘한 방충망을 어찌 뚫었는지

잠시 방심했던 내 마음과 생각에도
찌꺼기 같은 거미줄이 얽혀 있다

불볕더위 게으름으로 한눈파는 사이에
갖다 버려야 할 못된 것들이

하얀 핑곗거리 쌓아 둔 채로
걸려들 먹잇감 기다리고

사직구장에서

언제 어데 한 번쯤
사직에는 가 보았던가요?

명절 마지막 날
아이들과 함께 찾아간 사직
우승의 희망도
가을 야구의 실낱같은 기대도
하나 없는 날이지만
꽉 채운 운동장에서 터져 나오는 함성은
우승 앞둔 팀 같고

안타의 희망이 삼진으로
볼넷의 기대가 홈런이 되는 곳
한 명 한 명 라인업을 함께 부르면서
기대치 높이며 부르는 노래가
가락에 맞춘 몸짓이
절로 흥이 나고

우리 시절과는 많이도 달라서
승패와는 거리를 두고서

내가 좋아하는 팀을
응원하는 선수를
힘차게 다함께 외칠 뿐이지
한맘 한뜻으로

롯데는 승리한다
최강 롯데
주문처럼 외쳐본 쑥스러움에
투혼 투지로
다이아몬드를 달구는 영웅들에게서
힘을 받는 시간

그 언제라도
그 어느 순간이라도
무조건이라 좋아
마냥 기대하고 응원하는 마음으로
내 곁에 있는 사람들
네가 최고야
네가 나와 함께 있는 것만으로도

롯데가 졌다
아쉬움 뒤로 하고
내일, 아니 내년을 준비해야지

사직은 다 그런 거야!
고개는 끄덕끄덕할 수 있을 거니까
딸아이가 웃고 있다

라오스 여행

길 떠나는 여행자는
일탈을 꿈꾸는 자유자
비용은 시간을 거스르고
편하기는 돈과 같이 간다는데

형설지공 방송대 졸업을 기념하여
문화교양학과 의기투합 아홉으로
남국으로 성탄 연휴 찾아서
시간이 멈춘 곳으로

싼지 비싼지 철모르는 아이처럼
옵션과 현지 가이드 사이에서
메콩 넘어서 쏭강 흐르는
무릉도원 방비엥에서

오십 육십 칠십 세월 잊고서
먼지 덮어쓴 버기카로 찾아간 웅덩이
에메랄드빛 라군과 타잔처럼 외줄 함성으로
되찾은 젊음의 아웃도어가

삼십 어린 미인과의 도둑 생각에도
방실방실 라오여인이 다가온다면
아찔한 전복 사고도 라오비어 한잔으로 추억되고
싸꾸라바에서 흥겨운 춤솜씨 뽐내고

성탄 없는 라오인되어 소원 적어 풍등 날리면
한시라도 잊을 수 없는 가족 생각에
여행자의 짐은 하나둘 늘어나도
다음 여행 약속에 마음은 저만치 나대고 있다

현지 가이드

바람 병 도진 젊지 않은 나잇살에
이쁘기만 한 어린 신부품에서
코로나 삼 년도 지나고
눈 안에 넣은 세 살 다섯 살 아이가
칠 년 세월 여름날의 꿈이었나
돌아갈 날 손꼽는 빛고을 그리며
계림 닮아 맑은 방비엥 쏭강 물길에 젖어
묵은 한숨 녹아 흐르는 것이

고국에서 찾아온 여행객이
또래 친구 같고 동생처럼 살가워서
톡톡 주고 가는 말 한마디에
이삼일 정에 마음속 다 빼앗겨서
하나라도 알뜰히 챙겨주고 싶은데
시간은 세월처럼 덧없어서
돌아갈 비행기 새벽 시간 너머까지
발목 잡힌 삶의 무게가

교회 옆에 살아서
거짓말 안 한다던 그의 말이

고장 난 축음기의 옛 유행가처럼
잡음에 뒤섞여 따라 부를 수 없다는 것이
되돌아가고 싶은 칠 년 전 그 시간이
한국 여인이 최고라고 엄지척하는데
부인보다 나이 많은 첫딸 결혼 코밑에도
고단한 이방인의 하루살이가

삶은 동전의 양면과 같아서
대차균형이 딱 떨어지는 거라서
얻은 것만큼 항상 비는 것이 있어서
여행자의 짐은 가벼워야 한다지만
보기에 좋아서 하나 귀가 솔깃해서 하나 더
늘어난 봉지 봉지가 한 짐이 되어서
천국과 세상에 양다리 걸치고
오도 가도 못하고 있는 내 모습 같았다

적반하장 I

지나는 길에
궁금해서 들렀어
환청처럼 들리는데

시골에 아담한 집을 짓고
세 번째 시집을 내도
축하한다는 톡뿐

두어 번 밥 한번 하자더니
무에 그리 바쁜지
사는 게 어려운 건지

얼굴은
감감무소식

같이 놀 동무 찾아서
동네 골목을 기웃거렸던
어린 시절을 추억하다가 문득,

친구 집이 어떻게 생겼는지도

모르고 있었다는 사실에
지랄용천이라니

매양 똑같이
톡과 문자질뿐이었건만

지나가는 길
약속 없어도 그냥저냥
만날 수 있어야 진짜 친구지

장터에서

내가 갖고 싶은 것을 살 때도
네가 가진 것을 팔 때도
시장에 가야 한다지

사람이 거래되는 도시에는
가는 곳마다 사람들로 넘쳐나고
자연이 거래되는 시골은
널린 게 자연이지

상품을 사고파는 도시의 대형 마트는
비가 오나 바람이 부나 문을 연다
갖고 싶은 것이 많아선지
빨리빨리 시간을 팔고

물건을 사고파는 시골 장터에는
오늘같이 비 오는 날이면 쉰다
갖고 싶은 것이 흔해선지
느긋느긋 시간을 사고

도시에서는 사람들이, 시골에서는 자연이

모두가 시장 장터에서
시간을 팔아서 시간을 사는 게지

먹고사는 게 시장인 게다

위대한 나

가을잔치와 잦은 모임 탓인지
주체 못한 내 식탐 때문인지
배불뚝이가 되어서도
방금 한가득 먹었는데도
또 배가 고프다

먹방을 좋아했었지
얼마나 맛나게 먹는지
저렇게나 많이도 먹어 내는지
나보다 위대(大)하지도 않은 것 같은데도
따라 해보기도 했었지!

배탈로 밤새워 고생했던 기억이다
배고픔보다 배부름이 더 중병인 것을
배가 부른데도 자꾸만 먹고 싶어진다는 것이
조절 못 하는 뇌의 문제라고
정신병자라고

정신병 환자가 너무 많네!
먹어도 먹어도 끝도 없이 먹고서도

남의 밥그릇까지 빼앗아 먹어 치워 버리는 이들
돈벌이에, 땅따먹기에, 권력에까지
전쟁까지 불사하는 이들

내가 알고 있는 땅떼기 넓힌 위대한 사람들
내가 잘못 배운 것인지
불치의 정신병자인 것 같은데
죽이고 뺏고 먹어 치운 땅뙈기들, 피눈물들이
그래봤자, 내 별 하나도 안되는 것을 두고서

어디, 백년도 채 안 되는 시간 속에서
똥 무덤으로 사라질 것인데도

철든 사람들

방학이 시작되면
기차로는 빵 공장 경주 외가에
수박 농사짓던 시골 고모네는 버스로
삼사일 혹은 일주일보다 길게
사촌들과 놀았던 것 같다

한적헌 시골집에
회사 일 바쁜 넷째는 빠지고
형제 조카 손자 손녀까지 스무여 명
왁자지껄, 삼삼오오, 수박에 삼계탕 더해서
그림자 길어지는 시간까지

조카는 어린 자식 핑계로
우리 집 딸들은 야간 근무와 내일 엠티로
둘째 형은 눈치 주는 아이들 때문에
서울서 온 막내는 렌터카 반납한다고
텅 빈 집에 남겨진 큰형과 나는

밀린 이야기도 뒤로 하고
방 하나씩 차지하고는

폰만 만지작하는데
새로 산 성능 좋은 에어컨 때문인지
내 마음은 시리도록 아프다

하늘에서

오랜만에 탄 비행기
작은 창에 들어온 생각

비행기는 위로 위로
내 눈은 아래로 아래로

엔진 굉음을 쏟아내도
땅 아래는 평온해 보이는데

올망졸망 줄지어 선 게
내가 살던 세상인가 싶다

사람들이 왜 위로 가려는지
한 시간 남짓 좁은 의자에서

빈 하늘만 바라보다가
졸리는 세상이다

| 해설

삶과 죽음을 바라보는 서정의 패러독스

김옥경 (시인)

 정승준 시인의 시집을 열면 가을 냄새가 난다.
 시각과 청각의 감각보다 후각적 감각이 두드러진다고 보는 이유는 그의 시에는 여러 가지 냄새가 스며들어 있기 때문이다. 가을에 수확한 붉은 고추를 태양 아래 말리는 매운 냄새와 자신이 농사를 지은 배추와 더불어 버무린 김장 냄새에는 그리운 어머니의 냄새가 묻어 나와 시인의 눈가가 젖지만 누렇게 익은 늙은 호박으로 끓인 호박죽 냄새에 환한 웃음이 만개한다. 이렇듯 가을을 시적 대상으로 가져온 시인의 낭만적 감성이 자칫 너무 부드러워 말랑말랑한듯하지만 역설적으로 보면 인간 존재에 대한 문제에 본질적으로 접근하여 인간과 자연의 공통된 정신세계를 언어로 담아내고 있다.
 또한 정승준 시인의 시는 난해하거나 복잡하지 않아 눈에 보이지 않는 차원의 세계를 넘나들기보다는 일상에서 마주하는 우주의 무수한 별들과 벌레, 자신이 키우고 있는 동물과 갖가지 풀 등, 시인의 눈에 닿은 모든 생명을 조용하게 노래하고 있다. 그래서 시인의 시는 이야기가 살아있다는 게 장점으로 꼽을 수 있다.

> 빽빽한 가을 안개에 갇혀서
> 멀뚱히 쳐다만 보면
> (중략)
> 새벽 짙은 안개 숲을 탓하며
> 빈 가슴만 쓸어내고 있다
> (중략)
> 죽임당한 청계 오남매
> 별이 된 가을
> 쓰라림 하나 더하고
> – 「가슴앓이」 부분

시인의 가을은 지극히 평범을 위장한 내면의 지독한 외로움이다. 그래서 시인은 "새벽 짙은 안개 숲을 탓하며/ 빈 가슴을 쓸어내고 있다" 시인이 갇혀있던 새벽 안개는 알 수 없는 미스터리의 죽음을 암시한다.

> 지난여름
> 많이도 힘들었나 보다
> 뜨거운 뙤약볕에
> 이미 오그라져 떨어진 이파리가
> 발길에 차인다
> (중략)

채 영글기도 전에
말라비틀어진 소년의 바람이
눈에 밟힌다

버텨주고
견뎌내 주기를
소망은 간절한 기도가 되어
덜어져 뒹굴며 외치는 단말마의 비명들이
귓전을 때린다

가을이 오면
시리도록 깊고 푸른 곳에
슬픈 노래, 별이 된 사연들이
잊히지 않은 기억으로 되살아나서
길가에 차곡히
- 「가을 낙엽」 부분

 자신의 존재성을 상실하게 된 낙엽은 "채 영글기도 전에 말라비틀어진 소년의 바람이 눈에 밟힌다" 물리적인 시간의 체험을 부정할 수 없기에 "버텨주고 견뎌내 주기를" 간절하게 소망한다.
 "가을이 오면/ 시리도록 깊고 푸른 곳에" 소멸된 것들이 "기억으로 되살아나서" 생성된 기억으로 "길가에 차곡히" 쌓였다.
 시인을 가둔 안개는 "새벽안개 짙은 길 따라 기도의

자리"가 가을 속으로 따라온 새벽안개는 "굳게 닫힌 대문을 활짝 열고서/ 반겨주시던 어머니처럼/ 풀빛으로 반짝인다"

> 몇 장 남지 않은 마른 이파리가
> 또 하나 떨어진다 머리숱같이
> (중략)
> 주마등 되어 스쳐간 지난 일이
> 서산 붉은 노을로 걸터앉아
> ―「가을 앓이」부분

시인의 나이가 중년을 넘어서면서 점점 빠지는 머리카락과 몇 장 남지 않은 낙엽과 자신을 동일시하여 서로 납득하는 관계가 되어 "서산 붉은 노을에 걸터앉아서" 온몸으로 가을을 앓고 있다.

> 당신은 잘 지내시는지?
> 내 마음을 알고나 있으려나!
> 짙어가는 가을밤에
> 그리움에 젖어가노라면
> ―「가을 연가」부분

> 당신이 머물다가
> 떠난 흔적처럼
> ―「가을 이슬」부분

시인의 시간과 공간의 필연적 형식에는 현실에 존재하지 않는 아내가 늘 함께하고 있기에 시인의 공간은 시간 속에 지속되고 있다. 그것은 이름 붙일 수 없는 시인의 은밀한 세계이고 가상의 공간이다. 그래서 시인의 이별은 혼이 빠져나간 듯한 정신 상태에서도 이별은 단절이 아니라 반복되는 순환이다. 그러므로 시인의 가을은 낙관적이 되어 섬세한 시어로 변하기에 시인을 구원하는 것은 아내를 향한 그리움과 사랑이다.

> 손바닥도 마주쳐야 소리 난다는 속담같이
> 짙은 물안개 헤집고 나온 태양도
> 반갑게 맞이하는 게 있었네
>
> 가을 햇살이 화산 위에서
> 지친 호흡 가라앉히고 있으려면
> 한적헌 젖은 잔디 마당은
> 밤하늘 별처럼 반짝반짝 호응하는 게
>
> 동트기 전 짙은 여명처럼
> 추수 앞둔 가을 들녘이
> 휴일 맞은 우리 공단 길 같이
> 무주공산 적막만 가득한데
>
> 배알 뒤틀린 서생 눈에는
> 한 편만 신바람 난 손뼉 같아서

반짝, 사라지는 이슬이 가엾다
- 「독장난명」 전문

 소리는 청각 이미지다. 소리는 혼자서 내는 소리와 마주쳐 나오는 소리가 있다. 독장난명에서 시인은 자연의 다양한 모습을 역동적으로 그려 "손바닥도 마주쳐야 소리 난다"는 표현을 가져와 시인의 시세계를 그려냈다. 그래서 소리는 공간인식을 확장시켜 인간을 정서적으로 안정시키는 역할을 하나 독장난명은 시인의 본능적 주체가 되어 "배알 뒤틀린 서생 눈"에 은폐하고 있는 것들을 찾아보지만 그것은 "한 편만 신바람 난 손뼉 같아서" 소리는 잠시 왔다가 사라지는 이슬처럼 화자에게 슬픔을 공유하는 대상이다.

가을 안개 짙게 깔린 도로 위에
몽환의 세상으로 길을 잡아가노라면
(중략)
낙향한 선비 흉내 내기에도
짧은 인생은 가을, 가을날 하루 같다
(중략)
쉬엄쉬엄 쉬어 가라고
한적이라 이름하였음에도
매번 왜 그리 급하고 바빠야 하는지
- 「한적헌의 가을」 부분

밑동 빠진 항아리에 물 붓는 것 같이
뻥 뚫린 가슴에 바람이 차오르면
시린 멍울이 또 일어난다
(중략)
갈바람에 길 떠날 채비 서두르는 제비가
짝 잃고 홀로 전깃줄에 앉아서
가을 산바람 맵게 맞고서도
괜찮다 괜찮다고
찬란한 계절이어서 나는 좋다고
― 「한적헌에서는」 부분

 "인간이 자연의 이치를 따를 때 비로소 진정한 조화를 이룰 수 있다."는 노자의 무위자연(無爲自然)처럼 시인은 부산에서 오래도록 살다가 밀양으로 내려와 자연의 이치를 따르며 자신의 사유체계를 만들어 비움과 고요를 추구하기 위해 당호를 "한적헌"이라 지었다.
 사람들은 가지지 못한 것을 가지려 애쓰는 순간 스스로 불행해진다. 그러나 시인은 무엇인가 억지로 하거나 꾸미는 것보다 자연스럽게 있는 그대로를 지키며 살아가려 하기에 한적헌에서 "뻥 뚫린 가슴에 바람이 차오르면" 시인은 가을바람의 자연스러움에 몸을 맡기고 있다 보면 "시린 멍울이 또 일어난다" 시시때때로 차오르는 은밀한 멍울은 이별의 아픔이다. "갈 바람에 길 떠날 채비 서두르는 제비가" 이별을 준비하는 제비를 바라보는 순간 "짝 잃고 홀로 전깃줄에 앉아"있는 제비의 모습과 자신의 처지를 선명하게 놓고 인간과 동물의 교감된 순수성을 표현하고 있다. 그러면서 "괜찮다 괜찮다고" 하면서 서로를 위로하고 있다.

   장자의 호접몽을 꿈꾸는 시인은 그저 매 순간 살아 있는 것을 즐기며 현실과 꿈의 경계를 만들지 않고 현실의 흐름을 유연하게 받아들이고 있다.

> 밤새도록 운다, 둘이
> 구슬프게
>
> 어미 소는 안타까워서
> 눈망울을 껌벅이며
>
> 아기 소는 배고파서
> 서럽게 서럽게
>
> 울다 지친 아기 소는
> 단 사료를 먹는데
>
> 젖가슴 부른 어미 소는
> 마른 울음뿐이라
>
> 어찌할 수 있는 게 없어서
> 그냥 울기만 하는 게

외면하고 돌아누운 나도
밤새 눈물이 났다
　-「어미 소와 아기 소」 전문

　똘망똘망 큰 눈을 가지고 있는 소는 성질이 온순하여 농촌의 일을 도우며 인간과 함께 생활하는 동물이다. 그리고 한 집안의 재산이기도 하지만 가족처럼 지내며 살기에 우리와는 너무나 친숙한 동물이다. 특히 소는 모성애가 굉장히 강한 동물이기에 시인도 어미 소에 대한 애정을 가지고 소에 대한 연민을 시에서 도드라지게 서술한 것 같다.
　"밤새도록 운다, 둘이/ 구슬프게" 소들에게 진심인 시인은 새벽이 되도록 소들의 울음소리 때문에 잠들지 못하고 있다. 그의 마음을 덮는 울음소리에 엄마 소의 슬픈 눈망울과 엄마 젖을 찾아 서럽게 울고 있는 아기 소의 장면이 눈에 겹쳐 시인의 공간으로 들어온 울음은 그냥 울음에 그치지 않고 사랑의 결집으로 시인과 연결되어 자신의 울음이 된다. 그래서 그 울음은 시인에게 끈질기게 달라붙어 "어찌할 수 있는 게 없어서" 목울대를 넘어가는 울음의 깊이를 아는 시인은 "외면하고 돌아누운 나도/ 밤새 눈물이 났다"는 마지막 대목에서 영혼에 다다른 울음의 의식은 짐승을 사랑하고 인식하는 존재의 상실과 슬픔에 대한 구원을 갈망하는 의식이다.

파란 풋고추가
붉은 태양 아래에서
마음 졸이고 졸이던 시절 지나고
연일 계속되는 폭염과 열대야
가난했던 지난날
악착같이 살아내셨던 것 같이
기다리고 기다려서
사흘 밤낮 몸을 빠삭하게 구워지는 그때에도
견디고 견뎌내어서
모든 것을 내려놓고 떠날 즈음에
마음속까지 훤히 내어 주고
사랑으로 살다 가신 어머니
장미꽃보다 더 곱고 밝은 모습으로
겨울 김장철 그때까지
다시 만날 그날까지

언제나 당신 이름 앞에만 서면
눈물이 나는 것은
당신의 매운맛 때문이 아니라
잊을 수 없는 당신의 사랑과 헌신 때문에
미안함과 고마움으로
빨간 그리움이 한가득 입니다
  -「건고추」전문

 시인의 시는 머리로 쓰는 것보다 일상의 시간과 부

딪혀 가며 피부에 맞닿은 느낌을 나만의 감성을 더해 온전한 언어로 담아내고 있다.

 시에서 전하는 모습은 고추를 심고 키우고 건조하는 과정을 통해 자신만의 풍경을 만들고 있다.

 시가 그려내는 장면은 "파란 풋고추가/ 붉은 태양 아래에서" 태양과 바람을 맞으면서 자란 붉은 고추를 따서 건조되어 가는 과정을 재현하고 있다. 그 문장을 읽어가다 멈추게 되는 지점에는 "마음속까지 훤히 내어 주고/ 사랑으로 살다 가신 어머니/ 장미꽃보다 더 곱고 밝은 모습으로"에서 어머니의 정체를 드러내어 "사흘 밤낮 몸이 빠삭하게 구워지는" 고추의 "붉음"에다 어머니의 사랑을 옮겨와 "언제나 당신 이름 앞에만 서면/ 눈물이 나는 것은/ 당신의 매운맛 때문이 아니라" 어머니에게 받은 사랑과 헌신에 대한 "미안함과 고마움"은 어두운 마음에 빛으로 들어와 시인에게 붉은 공간이 열리게 된다.

   새로 꺼낸 바지 오른쪽 주머니에서
   잃어버린 손수건을 찾았다

   초등학교로 이름이 바뀌어 버린
   국민학교에 들어가면서
   왼 가슴 편 이름표 밑에는
   기다란 손수건이 받쳐 달렸지

앞으로 콧물은 옷소매로 문지르지 말고
손수건으로 꼭 닦아야 한다시며,

뒷주머니에 아무렇게 찔러두던 촌놈의
땟물에 꼬질꼬질 구겨진 손수건이

결혼하면서 매일 챙겨주던 아내 덕에
다림질된 향기 나는 손수건으로
뒷주머니 지갑이랑 앞주머니로 금의환향했었지
몸자세가 비틀어진다는 엄포와 함께

누군가 기다림의 노란 손수건도 아니고
진한 사연이나 추억 이야기도 없지만

다시 찾은 구겨진 손수건은
반백 년 그 시절 그 골목 그 얼굴까지
펼쳐서 곱게 개키고 있다
-「구겨진 손수건」 전문

  기원전 1,000년경 중국에서 천 조각을 들고 있는 초나라 시대의 인형이 발견되었다. 그리고 로마 역사에서 손수건에 대한 설은 공공 경기장에서 수백만 명의 로마인들이 손수건을 허공에 흔들고 있는 모습과 전차 경주의 출발을 알리는 용도로도 사용되었으니 손수건의 역사는 참으로 오래되었다고 본다. 그리고 중동이

나 터키 등 세계 여러 문화권에서도 손수건은 신성한 것을 보존하거나 상처를 감싸거나 신호를 보내는 용도 또는 장식의 용도로 다양하게 쓰임이 되었다.

 우리들의 학창 시절에도 손수건에 대한 애환은 많고도 많았다.

 여기서 시인은 시를 쓰는 가운데 과거에 존재했던 것에서 현존하는 것을 찾아 눈앞에 뚜렷하게 내보인다. "바지 오른쪽 주머니에서/ 잃어버린 손수건을 찾았다"에서 출발된 시인의 시적 상징성은 어린 시절의 추억으로 회자된다. "왼 가슴 편 이름표 밑에는 기다란 손수건"은 초등학교 입학식 날에 달아준 어머니의 사랑이다. "앞으로 콧물은 소매로 문지르지 말고/ 손수건에 꼭 닦아야 한다"고 어린 아들에게 신신당부하는 어머니의 손수건은 아내가 챙겨준 손수건으로 바뀌는 관계 속 상징성이 된다. 이렇듯 시인의 손수건에는 여러 개의 코드가 있다. 그래서 시인의 손수건은 한세상을 건너고 없는 어머니와 아내에 대한 남자의 연정을 손수건을 통해 만나게 된다. "반백 년 그 시절 그 골목 그 얼굴까지/ 펼쳐서 곱게 개키고 있다."

  아는가

  봄비가 내리면
  지렁이도 빗소리 들으며
  차 한 잔 마시고 싶다는 것을

넘쳐난 물에 어쩔 수 없어 쫓겨 나왔는데
누군가의 발길질에 두 동강 되면

아픔은 하나일까 둘일까
삶은 같을까 다를까

상처 아물고 고통은 가라앉아서
무뎌진 흉터가 바윗돌처럼 딱딱해지면

쪼개진 돌멩이는 울지도 아프지도 않아야 하는데
지렁이는 더 많이 아프고
더 오래 운다는 것을

비가 내릴 때면
지렁이도 가위눌린다는 것을
- 「지렁이」 전문

  비 내리는 날, 일상의 한 시점을 가벼이 여기지 않고 시인의 시적 사유로 데리고 온 지렁이, 이런 시적 방법은 정승준 시인의 방식이다. 죽음에 직면해있는 대상을 바라보다 책임감을 느껴 구원의 관점에서 관찰하려는 의도를 본다.
  "아픔은 하나일까 둘일까/ 삶은 같을까 다를까" 시의 문맥에서 묻어나는 아픔은 지렁이에게 향하는 것 같지만 살짝 들여다보면 자신의 상처와 슬픔의 편린들을 말하고 있다. 둘은 상처란 이름으로 공동체가 되어 서로 간의 내밀한 고통을 나누지만 그것은 어디에도 닿지 못하고 "무뎌진 흉터가 바윗돌처럼 딱딱해"진다.

    뻔히 죽음을 향해 가면서
    매번 죽었다가 깬다

    죽을 만큼의 고통도
    어둠으로 눈이 감기고
    세상 다 얻을 환희의 날에도
    잠들 밤은 쉬이 오고

    새날, 아침이 오면
    다른 날을 꿈꾸던 나는
    일상이란 쳇바퀴에서
    떨어지지 않으려 바둥대고

    경험이 주름살만큼 늘어나면
    시간은 화살처럼 빨라지고
    더디게 가는 남의 일도 사사건건
    밤잠마저 시샘이 되고

    마지막 날이 가까워지면 질수록
    새날은 일찍 오는가 보다
    -「새날」 전문

시인의 잠은 현실과 비현실의 경계를 넘나들면서 "뻔히 죽음을 향해 가면서/ 매번 죽었다가 깬다"는 반복된 세계를 가져온다.

베르나르 베르베르 소설「잠」에서 "잠은 작지만 위대한 여행이라고" 한다. "죽을 만큼의 고통도/ 어둠으로 눈이 감기고" 여기서 잠은 단순하게 눈을 감고 쉬는 행위이지만 잠을 자는 동안 무의식과 의식이 교차되어 자아가 순환을 거부하고 있다가 "새날, 아침이 오면/ 다른 날을 꿈꾸던 나는" 새로운 사람으로 재탄생되어 성장의 기회를 맞이하는 듯 하나 "일상이란 쳇바퀴에서/ 떨어지지 않으려 바둥대고" 있지만 미세한 순간들이 흩어진 주변을 정리하여 자기성찰에 비중을 두고 있다.

이런 시적 상황은 시인이 잠든 밤에도 내면에서 원심력을 잃지 않으려는 의도가 보이기도 한다. 그래서 시인은 아침마다 새날을 맞이하여 자신의 실존적 삶의 정체성을 알아가려 애쓰고 있다.

"사람들은 오베가 세상을 흑백으로 본다고 말했다
하지만 그녀는 색깔이었다
그녀는 오베가 볼 수 있는 색깔의 전부였다"

멈췄다. 책 읽기를,
두 눈에 괴인 투명한 액체가 돋보기가 되어
세 줄 짜리 문장이 큼지막하게

나비처럼, 잠자리처럼 접힌 날개를 하나씩 펼치고 있는 것을 보고 있다
　　온전히 다 끝내기까지 숨도 멈추고
　　서서히 움직이다가 기어코 날아 오른다
　　내가 아는 모든 색깔들, 빨주노초파남보
　　기쁨, 열정, 환희, 설렘, 기대, 즐거움과 희망, 내가 아는 모든 좋은 말들이,
　　무지개 빛깔에 뒤엉켜져 뒤따라서 올라간다
　　생각이 멈춘다. 책도 덮었다
　　비문증이 도지는지

　　하얀 셔츠에는 시간과 기억이 빈칸 하나도 없이 빼곡하게 채워진 채로
　　움직이는 것은 모두가 까맣고 까맸다
　　세상은 밝은 색깔로도 부족한데
　　그 남자의 색깔은

　　흑백으로도 넉넉했다
　　– 「남자의 색깔」 전문

　시인이 언급한 작품은 스웨덴 작가 프레드릭 베크만의 장편소설 「오베라는 남자」이다. 소설의 주인공 오베는 생의 유일한 색깔이었던 아내, 소냐를 잃고 스스로 목숨을 끊고자 하는데 이를 도우려는 이웃과 함께 일어나는 일들을 겪어가면서 오베가 변화하는 모습을

그려놓은 작품이다.

 "사람들은 오베가 세상을 흑백으로 본다고 말했다/ 하지만 그녀는 색깔이었다/ 그녀는 오베가 볼 수 있는 색깔의 전부였다" 흑백으로 가득한 남자에게 소냐는 그가 가진 색깔의 전부이다. 이것은 오베가 보고 만질 수 있는 것들만 이해했다고 볼 수 있다.
 "멈췄다. 책 읽기를" 책 속의 주인공 오베와 닮은 모습을 감지한 시인은 자신도 모르게 무의식적으로 책을 덮어버린다. 그리고는 "두 눈에 괴인 투명한 액체가 돋보기가 되어" 책을 읽고 덮는 동사적 행동에서 펼쳐지는 슬픔의 형용사는 돋보기에 굴절된 "나비처럼, 잠자리처럼 접힌 날개를 하나씩 펼치고 있는 것"이다. 그리하여 시인의 머릿속 이미지가 잠재의식에서 살아나와 날개를 펼치고 날아다니기 시작한다. 자신이 알고 있는 색깔들은 멈추지 않고 떠돌다 다른 형태로 발아되어 "무지개 빛깔에 뒤엉켜져 뒤따라서 올라간다" 이것은 사라져버린 과거의 색깔 "하얀 셔츠"에서 "움직이는 것은 모두가 까맣고 까맸다"의 검은색으로 모든 기억을 지우고 있다.
 시에서 끌고 가는 것은 두 남자의 자아이지만 그 안에는 여인이 있다. 그녀를 보내고 남아있는 그들이 세속에서 느끼는 비애를 두 가지의 색, 흑백은 자신들의 공간을 지키는 색이라 "흑백으로도 넉넉했다"고 진술하고 있다.

물집이 잡혔던 손가락 마디에
단단한 더께가 앉았다

나무판자에 글자를 판다고
며칠 동안 상처에 상처를 보태더니
딱지가 아물고 생긴게다

세상 단단한 것은
깊은 상처의 흔적이 다 있다

용광로를 견뎌낸 쇠기둥처럼
쩌억 쩌억 갈라진 채
수년을 버티고 서 있는 한옥 기둥도

든든히 서서 지켜내려고
상처 껴안은 채 몸부림친 시린 마음이

상처 아문 그 자리에
더께처럼 앉아 희망이, 소생하는 꿈이
다시, 일어나 달리라고 한다
- 「굳은살」 전문

 힘든 일을 반복하다 보면 상처가 생기고 아프지만 참고 견디는 것을 반복하다 보면 굳은살이 생긴다. 우리는 언제, 어디서, 어떻게, 상처와 직면할지 모를 일이다. 여기서 시인의 상처는 "나무판자에 글자를 판다고" 생긴 것이다. "세상 단단한 것은/ 깊은 상처의 흔적이 다 있다" 시인의 상처는 경험을 통해 자신과 소통하는 언어로 자리 잡는다. 그래서 시인은 상처에 주눅 들지 않고 견디며 즐긴다. 견디는 맛을 안다는 것이다. 쌉싸름하지만 끝은 달콤하다는 상처의 굳은살을 알기에 "상처 아문 그 자리에/ 더께처럼 앉아 희망이, 소생하는 꿈" 실존의 불안과 절망은 상처로 제거될 수 없지만 견디다 보면 가벼워지고 가벼워진 자리에 희망이 앉는다.

  시인이 시에서 기울인 것은 굳은살보다 더 단단한 희망이다. 그래서 해설의 마지막 시를 굳은살로 정한 이유다. 이번 시집에서 정승준 시인이 특히 의미와 가치를 둔 것은 삶과 죽음 뒤에 가려진 서정적 자아의 역설적 표현이다. 보푸라기처럼 일어나는 보편적인 일들을 세세하고 정밀하게 들여다보다 보면 시인의 무의식 세계를 지배하고 있는 구원과 희망을 볼 수 있다. 이것은 사랑하는 사람들의 죽음으로 인해 받은 절망과 상처는 그를 비관주의로 만들 수 있기에 충분했으나 시인은 이를 극복하고 정신적 치유를 위해 자신 앞에 놓여있는 사물들에게 집중하여 여러 종류의 구원을 얻는다. 그래서 정승준 시인이 쓰는 시는 시인 자신에게 종교가 되었다.

한적헌의 가을

2025년 8월 25일 초판 1쇄 찍음
2025년 9월 04일 초판 1쇄 펴냄

지은이 _ 정승준
펴낸이 _ 라문석
편집장 _ 김옥경
디자인 _ 장상호

펴 낸 곳 _ 도서출판 두엄
등록번호 _ 제03-01-503호
주　　소 _ (41969) 대구광역시 중구 명륜로12길 21
대표전화 _ (053)423-2214
전자우편 _ dueum@hanmail.net

ⓒ정승준, 2025
ISBN 979-11-93360-26-2 03810

＊지은이와 협의하여 인지는 생략합니다.
＊이 책 내용의 전부 또는 일부를 재사용하려면 반드시 지은이와
　도서출판 두엄 양측의 동의를 받아야 합니다.
＊책값은 뒤표지에 표시되어 있습니다.